BEI GRIN MACHT SICH IHR WISSEN BEZAHLT

- Wir veröffentlichen Ihre Hausarbeit, Bachelor- und Masterarbeit

- Ihr eigenes eBook und Buch - weltweit in allen wichtigen Shops

- Verdienen Sie an jedem Verkauf

Jetzt bei www.GRIN.com hochladen und kostenlos publizieren

Bibliografische Information der Deutschen Nationalbibliothek:

Die Deutsche Bibliothek verzeichnet diese Publikation in der Deutschen National-bibliografie; detaillierte bibliografische Daten sind im Internet über http://dnb.d-nb.de/ abrufbar.

Dieses Werk sowie alle darin enthaltenen einzelnen Beiträge und Abbildungen sind urheberrechtlich geschützt. Jede Verwertung, die nicht ausdrücklich vom Urheberrechtsschutz zugelassen ist, bedarf der vorherigen Zustimmung des Verlages. Das gilt insbesondere für Vervielfältigungen, Bearbeitungen, Übersetzungen, Mikroverfilmungen, Auswertungen durch Datenbanken und für die Einspeicherung und Verarbeitung in elektronische Systeme. Alle Rechte, auch die des auszugsweisen Nachdrucks, der fotomechanischen Wiedergabe (einschließlich Mikrokopie) sowie der Auswertung durch Datenbanken oder ähnliche Einrichtungen, vorbehalten.

Impressum:

Copyright © 2018 GRIN Verlag
Druck und Bindung: Books on Demand GmbH, Norderstedt Germany
ISBN: 9783668671072

Dieses Buch bei GRIN:

https://www.grin.com/document/417821

Willy Stefanowsky

Der Umgang Israels mit nicht-jüdischen Asylsuchenden. Institutionelle Diskriminierung subsaharischer Flüchtender in Israel

GRIN - Your knowledge has value

Der GRIN Verlag publiziert seit 1998 wissenschaftliche Arbeiten von Studenten, Hochschullehrern und anderen Akademikern als eBook und gedrucktes Buch. Die Verlagswebsite www.grin.com ist die ideale Plattform zur Veröffentlichung von Hausarbeiten, Abschlussarbeiten, wissenschaftlichen Aufsätzen, Dissertationen und Fachbüchern.

Besuchen Sie uns im Internet:

http://www.grin.com/

http://www.facebook.com/grincom

http://www.twitter.com/grin_com

Der Umgang Israels mit nicht-jüdischen Asylsuchenden

Institutionelle Diskriminierung subsaharischer Flüchtender in Israel

wissenschaftliches Essay

Mitte November diesen Jahres berichtete unter anderem *Die Zeit* über das von Israel forcierte Abkommen mit Uganda und Ruanda, welches Israel ermöglichen soll, bis zu 40.000 momentan in Israel lebende flüchtende Menschen in einer „intensivierten Abschiebung" ausreisen zu lassen.[1] Im Fokus stehen vor allem Asylsuchende, welche von Afrika (vorrangig aus Eritrea, Sudan und Südsudan) über den Sinai nach Israel geflohen sind und dort bereits seit einigen Jahren auf die Bearbeitung ihrer Asylgesuche warten. Mit dem Abkommen, dessen konkrete Konditionen nicht veröffentlicht werden, will Israel jährlich bis zu 3.000 Flüchtende vor die Wahl stellen, entweder vermeintlich freiwillig in eines der beiden Vertragsländer auszureisen, oder sich in die Obhut der israelischen Strafjustiz zu begeben. Als Gegenleistung, so viel ist bekannt, sollen Uganda und Ruanda sowohl finanziell, als auch durch Waffenlieferungen und militärische Ausbildungsangebote unterstützt werden.[2] Für die bereits in Uganda lebenden Flüchtenden herrschen indes verheerende Bedingungen.

Angesichts dieser erneuten Verschärfung der Situation für Asylsuchende in Israel sollen in der vorliegenden Arbeit Indizien für eine institutionalisierte Diskriminierung in der israelischen Migrationspolitik gegenüber subsaharischen Flüchtenden beleuchtet werden.
Dabei beschreibt Diskriminierung zunächst im Allgemeinen eine herabwürdigende oder benachteiligende Verhaltensweise gegenüber anderen sozialen Akteuren aufgrund konstruierter, vermuteter oder vorhandener Zuschreibungen von Merkmalen. Im Begriff der *Institutionalisierten Diskriminierung* wird von einem organisatorischen Handeln von Institutionen ausgegangen, welches zu einer dauerhaften Benachteiligung, bzw. Herabsetzung sozialer Gruppen führt. Dabei ist dieses Handeln losgelöst von auf Individualebene existierenden Vorurteilen und Absichten.[3]

Als Anmerkung soll an dieser Stelle erwähnt werden, dass sich die textuellen Formulierungen vorliegender Arbeit an der *Gender Mainstreaming*-Variante der Sternchen-Form (*-Form) nach den Prinzipien bewussten und anti-diskriminierenden Sprachhandelns orientiert.[4]

Derzeit befinden sich etwa 42.000 Asylsuchende in Israel, von denen der Großteil seit mehr als drei Jahren auf die Bearbeitung ihres Asylgesuches wartet und sich auf die vier großen städtischen Zentren Israels, vor allem aber auf und in Tel Aviv verteilt. Des weiteren befindet sich ein Teil der Flüchtenden in israelischen Internierungslagern, bzw. in Gefängnissen.
Um die momentane Situation der flüchtenden Menschen in Israel einordnen zu können, ist es notwendig die Migration Israels zu betrachten. Anfänglich musste sich der Staat Israel vor allem mit

---

[1] Vgl. Zeit.de (2017), o.S. u. Vgl. spiegel.de (2017) o.S.
[2] Vgl. spiegel.de (2013) o.S.
[3] Vgl. Scheer, Mafaalani, Yüksel (2017), S.134
[4] Vgl. Hornsscheidt (2012), S. 293ff

zwei nennenswerten Phasen der Flucht auseinandersetzen. Zum einen ist hier die jüdische Flucht hervorzuheben, zum anderen ist die palästinensische Flucht erwähnenswert. Subsaharische Flucht spielte in der Gründungs- und Etablierungsphase Israels noch keine Rolle, sondern kam erst später zum tragen. Dennoch ist eine Betrachtung dieser beiden Phasen wichtig, da sie den Umgang mit der subsaharischen Flucht erklären kann. Die jüdische Flucht resultierte aus den Verbrechen des deutschen nationalsozialistischen Regimes, der Verfolgung jüdischer Menschen im späten 19. Jahrhundert in Osteuropa, sowie aus dem Konflikt zwischen der zionistischen Bewegung und arabischen Nationalbewegungen Mitte des 20. Jahrhunderts im Nahen Osten und Nordafrika und macht den wesentlichen Teil der Immigration Israels aus. Im Zuge der palästinensischen Flucht haben circa 700.000 Menschen das Gebiet verlassen müssen, ohne dabei ein Anspruch auf Rückkehr zu haben.[5] Grundlage dieses Verbotes ist das *Gesetz zur Verhinderung von Infiltration* aus dem Jahre 1954, welches für die Betrachtung subsaharischer Flucht nach Israel später noch interessant wird. Zunächst ist aber wichtig zu verstehen, dass sich Israel vor allem für jüdische Menschen seit Staatsgründung und bis heute als Immigrationsland sieht.

Die Identität und das Staatsverständnis Israels sind sowohl von einer äußeren Bedrohung durch angrenzende Nachbarn und den dennoch, bzw. gerade deshalb geleisteten Errungenschaften geprägt, als auch von den Erfahrungen der jüdischen Leidensgeschichte (im modernen Israel vor allem durch die Shoa).[6] Israel versteht sich in diesem Zusammenhang vor allem als Zufluchtsort für jüdische Menschen, während es sich seit Staatsgründung mit der Bedrohung durch die arabische Kultur und Religion auseinandergesetzt fühlt.[7] Im Verlauf der weiteren Entwicklung des Konflikts der arabischen Nachbarn mit Israel und den Erweiterungen des israelischen Gebietes stieg gleichzeitig die Rolle der arabischen Historie, wodurch die Frage nach der politischen, rechtlichen und gesellschaftlichen Integration repräsentativ für alle nicht-jüdischen Menschen im israelischen Hoheitsgebiet aufkam. Dadurch steht letztlich das eigene Staatsverständnis Israels als jüdischer Mehrheitsstaat im Widerspruch zum tatsächlichen demografischen Wandel des Hoheitsgebietes und könnte somit eine Erklärung für die wahrgenommene Bedrohung durch nicht-jüdische Menschen sein.

Gleichzeitig stellt sich die Frage, ob der demografische Wandel einzig auf den Zuzug von nicht-jüdischen Menschen, bzw. die „Orientalisierung" zurückzuführen ist. Wolffsohn spricht in diesem Zusammenhang von einer „Entleerung des Judentums" zugunsten eines Israelismus, welcher die Nation in den Vordergrund rücke und damit die Anziehungskraft des jüdischen Staates für Diasporajüdinnen und für in israel-lebende Jüdinnen mindere, da Israel somit an jüdischer Substanz

---

[5] Vgl. Matar (2016), o.S.
[6] Vgl. Wolffsohn, Grill (2016), S.30
[7] Vgl. ebd.

verliere.[8] Und tatsächlich reisten bereits 2007 mehr Jüdinnen aus Israel aus, als dass sie immigrierten.[9] Dies widerspricht der offiziellen Argumentation seitens der Regierungsverantwortlichen, welche eine Bedrohung der demografische Entwicklung im absoluten mit dem Zuzug nicht-jüdischer Menschen und einer damit einhergehenden Orientalisierung Israels beschreiben.

Hinzu kommt eine innerjüdische Diskrepanz zwischen Aschkenasim und Sfaradim, die aus der erfahrenen Leidensgeschichte abzuleiten ist. Während Aschkenasim vor allem die Shoa als eigene Leidensgeschichte ansehen, nehmen Sfaradim noch eher die Auswirkungen der Verfolgung durch den Konflikt zwischen Zionist*Innen und Palästinenser*Innen wahr. Das hat vor allem bei orientalischen Israelis durch die Fortsetzung des Konflikts nach der Staatsgründung Israels mit seinen arabischen Nachbarn eine Stärkung des Feindbildes gegenüber sogenannten Eindringlingen und des Willens der unbedingten Abgrenzung zur Folge.[10] Aus beiden Erfahrungen heraus soll der zukünftige jüdische Staat von Stärke und Wehrhaftigkeit geprägt sein, während die Zeit der Diaspora mit Schwäche, Verfolgung und Wehrlosigkeit verbunden wurde.[11] Hier wird deutlich, wie sich Israel gegenüber Bedrohungen von außen positioniert und somit auch gegenüber Asylsuchenden, die eine vermeintliche Bedrohung für die demografische Entwicklung darstellen würden.

Parallel zur Staatsgründung Israels setzte sich der junge Staat in der UN für die Genfer Flüchtlingskonvention ein. Zum einen sollte durch das Vorantreiben der Flüchtlingskonvention der Schutz jüdischer Menschen im Ausland vorangetrieben werden, zum anderen wollte Israel vor der internationalen Gemeinschaft als demokratischer Staat auftreten, welcher Menschenrechte und die Genfer Flüchtlingskonvention respektiere. Israel verpasste jedoch die Implementierung der Vorgaben der Flüchtlingskonvention in den eigenen Gesetzen, wodurch die Bedingungen der Einwanderung für jüdische Menschen und für nicht-jüdische Menschen unterschiedlich ausfallen. Während für Jüdinnen der Kern der Einwanderungspolitik im Verständnis als Zufluchtsort für das jüdische Volk liegt und sich im *Rückkehrgesetz* von 1951 manifestiert, gibt es für nicht-jüdische Immigranten bis heute keine entsprechenden Einwanderungsrichtlinien gemäß der Genfer Flüchtlingskonvention.[12]

Ein möglicher Grund für das Ausbleiben eines klaren geltenden Asyl- und Einwanderungsgesetz für nicht-jüdische Menschen kann erneut im jüdischen Staatsverständnis Israels gefunden werden, welches wie bereits oben ausgeführt, zu einer vermeintlich wahrgenommen Bedrohung in der

---

[8] Wolffsohn, Grill (2016), S.32f
[9] Vgl. faz.net (2007), S. 1f
[10] Wolffsohn, Grill (2016), S.30f
[11] Vgl. ebd., S.31
[12] Vgl. Yaron, Hashimshony-Yaffe, Campbell (2013), S.145

Demografischen Entwicklung führt und den seit 1957 stetig sinkenden Anteil der jüdischen Bevölkerung Israels[13] einzig mit dem Zuzug nicht-jüdischer Immigranten erklärt. Der Diskurs über die Natur des israelischen Staates kann wiederum dazu führen, dass er nicht nur demokratisch ist, sondern aufgrund einer jüdischen Mehrheitscharakteristik bürgerliche Gleichheit für nicht-jüdische Menschen verweigert und hier insbesondere kollektives Recht nationaler Minderheiten verwehrt. Außerdem ist dadurch eine Begründung der Einschränkung der Demokratie vor allem bezüglich der Gleichstellung möglich.

Bis in die 1950er Jahre traten in Israel fast keine Asylsuchenden auf. Das lag vor allem an der schwachen wirtschaftlichen Situation Israels in der Gründungsphase und am bis in die 1970er Jahre anhaltenden Kriegszustand des Landes mit seinen Nachbarn. Seit den 1990er Jahren suchten (noch wenige) afrikanische Flüchtende Schutz in Israel und kamen aus Ländern wie Liberia, der Elfenbeinküste, dem Kongo, sowie Äthiopien. Vor einer möglichen Abschiebung waren sie durch Israels Anerkennung der Genfer Flüchtlingskonvention vorerst geschützt, da der UNHCR diese Länder als Krisengebiete einstufte und somit eine Rücksendung untersagte. Erst in den Jahren 2005/2006 wurde Israel als Zufluchtsland attraktiver. Diese neue Entwicklung ist auf das 2008 entstandene Abkommen zwischen zwischen Italien und Libyen zurückzuführen, welches Italien die Rücksendung von Asylsuchenden nach Libyen ermöglichte und damit die Route versperrte.[14] Außerdem verschlechterte sich 2005 nach einem Angriff der ägyptischen Polizei auf ein Flüchtlingscamp in Kairo die Situation für Flüchtende in Ägypten drastisch[15] und verstärkte somit den Schmuggel von Menschen über die ägyptisch-israelische Grenze (teilweise einhergehend mit Entführungen, Folter und Vergewaltigungen). So passierten zwischen 2005 – 2013 mehr als 64.000 Asylsuchende die Grenze zwischen Ägypten und Israel, welche bis dato noch nicht durch einen Zaun abgeriegelt war. Der Großteil der Asylsuchenden kam in dieser Phase aus dem subsaharischen Raum (2010: 33.273 Asylsuchende, davon 19.442 Eritreaer*Innen und 8.256 Sudanes*Innen).[16]
Die Reaktion Israels zeigte sich im sogenannten „hot return"-Verfahren der Israel Defence Force, welche eine sofortige Rücksendung der aufgegriffenen Asylsuchenden ohne die Möglichkeit der Einreichung eines Asylgesuches nach Ägypten vorsah[17] und vom Premierminister mit der „Sicherung des jüdischen und demokratischen Charakters Israels"[18] begründet wurde. Problematisch war dieser Verfahren auch durch die fehlende Versicherung seitens der ägyptischen Behörden über den Umgang mit den Abgeschobenen. Erst 2011 und im Zuge der ägyptischen

---
[13] Vgl. Dachs (2016), S. 126f
[14] Vgl. Matar (2016), o.S.
[15] Vgl. washingtonpost.com (2005), o.S.
[16] Vgl. Yaron, Hashimshony-Yaffe, Campbell (2013), Tabelle S.149
[17] Vgl. ebd.
[18] Vgl. ebd.

Revolution wurde diese Verfahrensweise eingestellt, da es für Israel immer schwieriger wurde mit Ägypten in diesem Fall zusammen zu arbeiten. Aufgrund der Einstellung dieses Verfahrens entschied sich die israelische Regierung letztlich zur Errichtung des Grenzzaunes zwischen Ägypten und Israel, welcher den Weg über den Sinai entgültig versperren sollte. Die Kosten dafür betrugen insgesamt 1,6 Milliarden Schekel (entspricht etwa 380 Millionen Euro), wobei die laufenden Kosten nicht mit eingerechnet sind. Außerdem errichtete Israel mit *Saharonim* eine sogenannte Beherbergungsanlage, welche ein spezielles Gefängnislager für Asylsuchende darstellt. Dort werden die sogenannten Eindringlinge monatelang inhaftiert und erhalten anschließend eine befristete Aufenthaltsgenehmigung (keine Anerkennung des Flüchtlingsstatus), sowie ein Busticket zum zentralen Busbahnhof in Tel Aviv. Einerseits soll der Bau *Saharonims* der Entlastung der teilweise sowieso schon schwachen Wohnviertel Tel Avivs rund um den Busbahnhof dienen und so Zusammenstöße zwischen der lokalen Bevölkerung und Asylsuchenden vermeiden, andererseits soll er aber auch zur Abschreckung für weitere kommende Flüchtlinge dienen, indem diese bereits an der Grenze inhaftiert werden. Die Vergabe der befristeten Aufenthaltsgenehmigungen muss alle paar Monate erneuert werden, beinhaltet ein ausdrückliches Arbeitsverbot und gewährt keine sozialen oder gesundheitlichen Absicherungen. Nach einer Klage vor dem Obersten Gericht entschied sich der israelische Staat dazu, Unternehmen, welche Asylsuchende dennoch einstellten, nicht strafrechtlich zu verfolgen. De facto war das Arbeitsverbot dennoch geltend. Hinzu kommen öffentliche Kampagnen gegen die Einstellung von Asylsuchenden aufgrund der Illegalität der Einstellung, was die Angst der Unternehmer vor einem Arbeitsverhältnis mit Asylsuchenden verstärkte. Aufgrund ihrer Abhängigkeit von den einstellenden Unternehmen führt dieses Verbot letztlich zur Missachtung von Arbeitsrechten und Ausbeutung der Asylsuchenden.

Die Begründung des Arbeitsverbots für Flüchtende liegt seitens der Regierung in der vermeintlichen wirtschaftlichen Bedrohung der jüdischen Bevölkerung durch sogenannte Arbeitsmigrant*Innen. Dem steht der in den 1990er Jahren entstandene Bedarf von Arbeitskräften entgegen, welchem durch Regierungsbeschlüsse zur Einreise von bis zu 220.000 sogenannter Arbeitsmigrant*Innen nachgegangen wurde.[19] Der zahlenmäßige Kontrast der bewilligten Einreise von 220.000 erwünschten Arbeitsmigrant*Innen aus Osteuropa und Asien sowie der Zuschreibung einer wirtschaftlichen Bedrohung durch gerade mal 60.000 Asylsuchende aus dem subsaharischen Raum ist bezeichnend.

Durch den Bau *Saharonims* sowie des Grenzzauns nahm der Flüchtlingszuwachs drastisch ab, wodurch das Bedürfnis Israels nach einer Abschottung vor weiteren Flüchtlingen erfüllt war. Übrig blieb jedoch die Frage des Umgangs mit den bereits eingereisten Asylsuchenden, welche nicht

---

[19] Vgl. Dachs (2016), S. 140

abschoben werden dürfen. Dafür übernahm Israel im Jahr 2002 von der UNHCR die Kompetenz zu Bearbeitung von Asylanträgen und gründete eine Spezialabteilung im Innenministerium, die sogenannte PIBA (Behörde für Bevölkerung und Einwanderung) mit folgender Aufgabe:

> „Die Bevölkerungs- und Einwanderungsbehörde wurde gegründet, um die Koordination zwischen den verschiedenen Regierungseinheiten, die sich mit der Regulierung des Rechtsstatus von Bürgern, Bewohnern und Ausländern befassen, zu verstärken und Gesetze bezüglich des Aufenthalts und der Beschäftigung von Ausländern durchzusetzen."[20]

Bislang wurden dreißig Anträgen stattgegeben (vorrangig Antragssteller*Innen aus Nepal, Nordkorea, Zimbabwe und anderen Ländern, die nicht über den Sinai erreichbar sind), außerdem wurden über eine Sonderregelung per Regierungsbeschluss aus dem Jahr 2007 für 498 Antragssteller*Innen aus der Darfur-Region permanente Aufenthaltsgenehmigungen (ohne Anerkennung des Flüchtlingsstatus) vergeben. Alle anderen Anträge wurden bislang nicht bearbeitet, was bis heute zu einer Unklarheit für Asylsuchende führt. Die Methoden Israels in der Asylpolitik sind geprägt von einer negativen Einstellung gegenüber Flüchtenden, welche als vermeintliche Gefahr für wirtschaftliche, demografische und sicherheitsrelevante Aspekte gesehen werden. Israel verhindert so die Entstehung von Stabilität und erträgliche Lebensbedingungen für Betroffene. Während internationale Gesetze und Normen auf der einen Seite das Abschieben verbieten, steht diese Verpflichtung Israels wie oben bereits aufgeführt im Widerspruch zur Schaffung eines jüdischen Mehrheitsstaates. Daraus folgt ein politischer und rechtlicher Schwebezustand auf Kosten Asylsuchender, in welchem sich das Dilemma Israels zwischen jüdischem Staatsverständnis und der Anerkennung internationaler Rechte manifestiert.[21]

2002 wurde außerdem eine Einwanderungspolizei gegründet, welche der PIBA unterstellt ist. Aufgabe der Einwanderungspolizei ist die Verhaftung und Abschiebung von Menschen, welche keine Aufenthaltsgenehmigung haben und nicht zu besonders schützenswerten Gruppen gehören (hier vor allem Menschen aus Liberia, der Elfenbeinküste und ab 2012 dem Südsudan). Auffällig ist das härtere Vorgehen der Einwanderungspolizei gegenüber einzelnen Gruppen ohne Aufenthaltsgenehmigung. Beispielsweise wurden gegen 14.000 Arbeitsmigrant*Innen mit abgelaufener Arbeitsgenehmigung sowie ca. 90.000 Tourist*Innen mit abgelaufenem Visum (davon ca. 60% aus Gebieten der ehemaligen Sowjetunion) keine vergleichbaren Anstrengungen in Wort und Tat durch die politische Führung durchgeführt, diese Gruppen des Landes zu verweisen.[22] Der Staat verweist dabei auf die rechtmäßige Einreise dieser Gruppen und geht von einer allgemeinen besseren Integrationsfähigkeit weißer Tourist*Innen in die Gesellschaft aus.[23] Dem steht auch hier die Verwehrung von Integrationsmöglichkeiten für subsaharische Asylsuchende entgegen.

Zur Regelung des Umgangs mit Asylsuchenden bedient sich der israelische Staat an bereits

---

[20] gov.il (2017), o.S.
[21] Vgl. Yaron, Hashimshony-Yaffe, Campbell (2013), S. 144
[22] Vgl. Matar (2016), o.S.
[23] Vgl. ebd.

vorhandenen Gesetzen und Verordnungen. Hier ist vor allem das *Einwanderungsgesetz* von 1952 zu nennen, welches des Recht für nicht-jüdische Nicht-Staatsangehörige regelt. Außerdem wird das *Staatsangehörigkeitsgesetz* von 1952 für zurückkehrende nicht-jüdische Menschen angewandt, wobei jedoch Palästinenser*Innen von dieser Regelung ausgeschlossen sind. Diese werden wiederum im bereits erwähnten Gesetz zur Verhinderung von Infiltration von 1954 betrachtet. Ursprünglich sollte dieses Gesetz zur Verwehrung einer Rückkehr palästinensischer Flüchtender dienen, bzw. die israelische Bevölkerung vor möglichem palästinensischen Terrorismus schützen. Hier werden die sogenannten Eindringlinge als Personen definiert, welche eine Bedrohung für den israelischen Staat und seine Bevölkerung darstellen. 60 Jahre später findet dieses Gesetz in Ermangelung eines geltenden Asylgesetzes auch Anwendung für Asylsuchende aus dem subsaharischen Afrika und definiert somit subsaharische Flüchtende ebenfalls als sogenannte Eindringlinge.

Anfang 2012 forcierte Israel eine Änderung des alten *Infiltrationsgesetzes* hinsichtlich einer sofortigen Inhaftierung von Asylsuchenden und einer anschließenden Verwahrung in Lagern. Dabei sollen Flüchtende nun bis zu einem Jahr inhaftiert werden und anschließend für unbestimmte Zeit nach Holot, einer sogenannten offenen Aufenthaltseinrichtung mitten in der Wüste verlegt werden. Während der vermeintlich offenen Verwahrung sind Asylsuchende dazu verpflichtet, die Nacht in Holot zu verbringen. Außerdem besteht drei Mal täglich eine Appellmeldepflicht. Das wiederum macht es kaum möglich, in den Zwischenzeiten den Ort zu verlassen. Im September 2014 wurde das Gesetz durch das Oberste Gericht aufgrund einer Klage durch verschiedene Menschenrechts- und Hilfsorganisationen gekippt. Das Resultat sollte nun eine dreimonatige Haft mit einer anschließenden 20-monatigen Verwahrung und lediglich einer Appellpflicht am Tag sein. Dagegen ging die dritte Klage ein, die wiederum zur Empörung in der Regierung führte. Die Justizministerin Angelet Schaked drohte mit einer Einschränkung der Kompetenzen des Obersten Gerichts für Fragen der Verfassungswidrigkeit von Gesetzen im Fall der Verhinderung der Gesetzesänderung durch das Gericht.[24] Daraufhin wurde die Klage abgewiesen und der Änderung des *Infiltrationsgesetzes* stattgegeben.

Parallel zur Änderung des *Infiltrationsgesetzes* entstand ein Programm zur Förderung einer sogenannten freiwilligen Ausreise. Flüchtende sollten bei Zustimmung 3500 US-Dollar sowie ein Flugticket in die Heimatländer bzw. nach Uganda oder Ruanda erhalten. Das Innenministerium betont dabei die Freiwilligkeit der Ausreise.[25] Ab 2015 müssen Flüchtende ohne eingereichten Asylantrag sowie bei Ablehnung dessen ein Dokument zur freiwilligen Ausreise unterzeichnen. Andernfalls droht ihnen die Inhaftierung auf unbestimmte Zeit. Seit Ende Oktober 2015 haben mehr als 9.000 Asylsuchende über dieses Verfahren Israel verlassen. Die Freiwilligkeit der Ausreise ist mehr als fragwürdig, stehen die Betroffenen letztlich vor der Wahl zwischen Inhaftierung und

---

[24] Vgl. Matar (2016), o.S.

[25] Vgl. zeit.de (2016), S.1f

Abschiebung. Auch hier wird deutlich, wie Israel auf der einen Seite den Schein der Einhaltung internationaler Menschenrechte und der Flüchtlingskonvention wahren will, indem es eine verbotene Zwangsabschiebung in deren Heimatländer unterlässt. Auf der anderen Seite finden de facto unter dem Deckmantel einer Freiwilligkeit Abschiebungen statt, womit die Anforderungen der Genfer Flüchtlingskonvention umgangen werden.

Offiziell erkennt der Staat Israel seine Verpflichtungen aus der Genfer Flüchtlingskonvention an, befindet sich jedoch im Widerspruch zur eigenen jüdischen Staatsidentität. Die Implementierung eines auf den Vorgaben der Genfer Flüchtlingskonvention basierenden eigenen Asylrechts bleibt bislang aus und schürt somit Unsicherheit und Angst bei den betroffenen Asylsuchenden. Das Resultat des Ausbleibens eines klaren Asylrechts ist ein Schwebezustand, in dem Formen der Diskriminierung auf mehreren Ebenen ermöglicht wird. Es wird deutlich, dass vor allem Asylsuchende aus dem subsaharischen Raum von dauerhafter institutioneller Diskriminierung betroffen sind, welche von dem vernetzten organisatorischen Handeln verschiedener Institutionen im israelischen Staat realisiert werden.

Literaturverzeichnis

Dachs, G. (2016). *Länderbericht Israel*. Bonn: Bundeszentrale für politische Bildung

faz.net (2007). *Naher Osten: Israel wird zum Auswanderungsland*. Verfügbar unter: http://www.faz.net/aktuell/politik/ausland/naher-osten-israel-wird-zum-auswanderungsland-1434078.html Stand: 11.12.2017

gov.il (2017). *Population and Immigration Authority*. Verfügbar unter: https://www.gov.il/en/Departments/population_and_immigration_authority. Stand: 11.12.2017

Matar, H. (2016). *Das Gelobte Land, aber nicht für Asylsuchende*. Verfügbar unter: http://www.rosalux.org.il/das-gelobte-land-aber-nicht-fur-asylsuchende/#_ftn5 Stand: 11.12.2017

Scherr, A., Mafaalani, A e. & Yüksel, E G. (2017). *Handbuch Diskriminierung*. Wiesbaden: Springer VS.

spiegel.de (2013). *Umstrittenes Abkommen Israel will Tausende Afrikaner nach Uganda abschieben*. Verfügbar unter: http://www.spiegel.de/politik/ausland/israel-schiebt-asylbewerber-aus-sudan-und-eritrea-nach-uganda-ab-a-919391.html. Stand: 11.12.2017

spiegel.de (2017). *Deal mit Ruanda und Uganda Israel will 40.000 afrikanische Flüchtlinge in Drittländer abschieben*. Verfügbar unter: http://www.spiegel.de/politik/ausland/israel-will-40-000-fluechtlinge-nach-ruanda-und-uganda-abschieben-a-1179112.html. Stand: 11.12.2017

washingtonpost.com (2005). *Police Attack Cairo Refugee Camp*. Verfügbar unter: http://www.washingtonpost.com/wp-dyn/content/article/2005/12/30/AR2005123001331.html Stand: 11.12.2017

Wolffsohn, M. & Grill, T. (2016). *Israel: Geschichte, Politik, Gesellschaft, Wirtschaft* (8. Auflage.). Opladen; Berlin; Toronto: Verlag Barbara Budrich.

Yaron, H., Hashimshony-Yaffe, N., Campbell, J. (2013). *"Infiltrators" or Refugees? An Analysis of Israel's Policy Towards African Asylum-Seekers*. International Migration, 51(4), 144-157. doi:10.1111/imig.12070

zeit.de (2016). *Flüchtlinge in Israel: Knast oder Ausreise*. Verfügbar unter: http://www.zeit.de/2016/06/fluechtlinge-israel-ausreise-gefaengnis. Stand 11.12.2017

zeit.de (2017). *Migration: Netanjahu will 40.000 afrikanische Flüchtlinge abschieben*. Verfügbar unter: http://www.zeit.de/politik/ausland/2017-11/israel-benjamin-netanjahu-fluechtlinge-abschieben-asylpolitik. Stand 11.12.2017

BEI GRIN MACHT SICH IHR WISSEN BEZAHLT

- Wir veröffentlichen Ihre Hausarbeit, Bachelor- und Masterarbeit

- Ihr eigenes eBook und Buch - weltweit in allen wichtigen Shops

- Verdienen Sie an jedem Verkauf

Jetzt bei www.GRIN.com hochladen und kostenlos publizieren